마흔 셋,
잠시 멈추고
편지를 쓰고 싶은 시간

마흔 셋, 잠시 멈추고 편지를 쓰고 싶은 시간
지금도 혼자 울고 있을 누군가에게

초판 1쇄 인쇄 2024년 6월 18일
초판 1쇄 발행 2024년 6월 18일

지은이 윤미라

발행인 양인석
발행처 생각의 지도
주 소 04775 서울시 성동구 둘레9길 10, 상원빌딩 4층 (성수동2가)
대표전화 02-464-4036 **이메일** themindmapkorea@gmail.com

ⓒ 윤미라, 2024

ISBN 979-11-969457-6-3 (03810)

※ 이 책은 생각의 지도와 저작권자의 계약에 따라 발행한 것으로 본사의 허락 없이는 무단 전재와 복제를 금하며, 이 책 내용의 전부 또는 일부를 사용하려면 반드시 저작권자와 생각의 지도의 서면 동의를 받아야 합니다.

마흔 셋,

잠시 멈추고
편지를 쓰고 싶은 시간

윤미라 에세이

생각의 지도

들어가며

 꿈 많은 사춘기 문학소녀 시절, 책장을 덮을 때마다 '마흔쯤엔 걸음을 멈추고 나만의 이야기를 책으로 만들어야지.' 하며 다짐했었다. 그 무렵엔 마흔이면 어른이 되어서 무엇인가 이루었을 거로 생각한 모양이다. 그러나, 막상 마흔이 된 나는 번듯하게 내세울 만한 과업이 있기는커녕 여전히 어딘가를 향해 바쁘게 달리고 있을 뿐이었다. 그렇게 두세 해를 지나면서도 하루빨리 책을 써야 한다는 부담과 강박으로 스스로를 다그치고 있었다.

 7년만 이라니… 둘째 아이가 중학교 1학년이 되었으니 일을 멈춘 지 어느덧 7년이 되었다. 아무에게도 말한 적 없고 누구도 요구하지 않는 나와의 약속, 나만의 결심을 이루고 싶은 욕심에 조바심이 났다. 수많은 계획을 세웠다가도 작심삼일로 끝내면서 나에게 수없이 실망하지만 '나의 이야기 쓰기'만큼은 포기할 수 없어 일단 펜을 잡아 보기로 했다. 누군가에게 보여주기엔 부끄러운 이야기일지 모르고 서툰 글솜씨가 촌스러울까 두렵기도 하지만 그럼에도 일단, 책상 앞에 앉았다.

나의 첫 번째 꿈은 유치원 선생님이었다. 당시 즐겨 보던 어린이 미국드라마 '천사들의 합창'에서 '히메나 선생님'을 보면서 선생님이 되고 싶은 꿈을 꾸었고 대학 졸업 후 13년 동안 어린이집 교사의 삶을 살았다. 1년 동안 육아휴직 중이던 서른둘, 밥 버포츠의 「Half Time」을 읽으며 인생의 전반전을 멈춘 작전타임 동안 후반전도 의미 있게 보내겠다는 다짐을 했다. 삶의 어려운 순간마다 조금 덜 지치고 다시 힘을 낼 수 있었던 이유는 '나만의 책을 반드시 써야지'라는 다짐과 함께 끄적이며 채워 온 노트 덕분이었다.

끝까지 쓰는 용기가 부족했던 탓에 나와의 지루한 싸움을 견디지 못해 쓰다 버린 글들이 많지만, 끝없이 새로운 구상과 시도를 하면서 한순간도 마음의 끈을 놓친 적은 없었다. 읽는 모든 책과 기록들은 글쓰기의 소재로 저장해 두었고 경험하는 수많은 일상과 모든 만남은 깨달음이고 또 배움이었다.

그런데, 막상 글을 쓰려고 시도해보니 쓰기에 앞서 말하기부터 배워야 하는 것 아니었나 하는 문제에 부딪히게 되었다. 말하듯 써야 할 글쓰기의 첫 번째 관문부터 당황스러웠다. 다양한 사람들과 개인적인 이야기를 많이 하지 않았던 때문인지 자신에게 묻고 답하는 과정에서조차 마음과 다르게 엉뚱하게 이야기하는 나를 발견한 것이다.

습관처럼 책부터 찾기 시작했다. 김하나 작가님의 「말하기를 말하다」에서 "듣고 말하고, 읽고 쓰는 사람입니다"라는 작가소개가 반갑고 고마웠다. 나 또한 작가님과 같은 생각을 하고 있었기 때문이다. 책에서 가르쳐준 대로 들은 후 말하고 읽은 후 쓰는 연습을 여러 차례 반복해 보았지만, 정리된 말하기는 생각만큼 쉽지 않았고 쓰기는 더욱 어렵기만 했다.

박상미 교수님의 「관계에도 연습이 필요합니다」를 교재 삼아 다양한 사람들과 어울리면서 수많은 대화를 통해 연습을 되풀이했다. T.P.O. time, place, occasion에 맞는 말하기와 듣기에 대해, 건강한 관계를 위한 알맞은 거리에 대해 수없이 묻고 답하며 수많은 시행착오를 거쳐 교정하고 다듬어 갔다.

더 이상 나만의 생각에 갇혀있지 않겠다는 선언과 함께 도움을 요청해 보기로 했다. 부끄러웠지만 혼잣말처럼 쓴 글들을 친구들에게 보여주기도 하며 반응을 물어보았다. 나를 잘 모르는 독자라면 구체적인 에피소드가 부족하다고 생각할 수도 있고 답답해하거나 흥미가 떨어질 수 있을 거라고 알려 주었다. 이 부분을 해결하고 싶어 글쓰기에 도전 한 것이기 때문에 생각을 잘 전달하기 위해 쓰고 지우기를 무수히 반복했다.

한참 썼다가도 지워버리는 나를 보며 '역시, 난 사람들에게 다 보여줄 자신이 없어 두려워하는구나'라는 사실을 새삼 깨달았다.

부담과 떨림을 안은 채,
그런데도 그토록 하고 싶었던 말은 무엇일까?
혼자만의 독백을 깨면서까지 세상에 보여주고 싶었던 이야기는 무엇일까?
묻고 답하며 완성한 글쓰기를 통해 정리한 내 이야기를 담담히 전하고 싶었다.
이 책을 읽을 누군가에게, 그리고 어렸던 나에게…

"나도 너처럼 혼자 우는 날이 많았어.
소심하고 겁이 많던 나도 이렇게 용감하게 살아가고 있어.
널 위해 기도해 주는 누군가가 있음을
기억하고 용기 내길 바라며,
나 역시 그중 한 사람이라는 것 기억해 줘."

어려운 순간마다 다정하게 말 걸어 준 책처럼, 나도 어딘가에서 혼자 울고 있을 누군가에게 조심히 다가가고 싶다.

(차례)

들어가며 ◦ 4

Chapter 1
네 잘못이 아니야
망설이는 미라에게

특별함과 특이함 사이 ◦ 15
또 혼자 남았다 ◦ 20
두 명의 친구 ◦ 24
시험보는 꿈 ◦ 27
안녕, 나의 어린 날 ◦ 32

Chapter 2
나랑 살아줘서 고마워
가족들에게

나만의 맞춤형 상담가 아빠에게 ◦ 43
그리운 엄마에게 ◦ 47

내 인생에 유일한 오빠, 내 남편 ◦ 51

사랑스러운 껌딱지 큰딸 하영이에게 ◦ 54

까칠한 그녀, 나를 닮은 막내 하은이에게 ◦ 58

혼자에서 둘, 그리고 넷 ◦ 63

함께라서 행복해 ◦ 66

함께여서 행복한 거구나 ◦ 77

Chapter 3

설레는 두드림
내일의 친구들에게

일흔 살의 나에게 ◦ 83

나랑 같이 놀자 ◦ 86

쉬었다 가 ◦ 89

밥 먹고 가 ◦ 91

지금도 혼자 울고 있을 누군가와 스무 살의 나에게 ◦ 95

나가며 ◦ 98

책쓰기에 용기를 준 책 ◦ 102

부모님께는 하나뿐인 늦둥이 딸이었지만
세상 물정을 너무 모르고 사람들과 어울리는
많은 순간마다 불편함을 겪어야 하는 내가,
특별하기보다 특이한 것만 같았다.

네 잘못이 아니야

망설이는 미라에게

특별함과 특이함 사이

"넌 미스코리아가 될 거야~ 세상에서 제일 예쁘니까!" 당시로는 굉장히 늦은 36살에 외동딸을 얻은 아빠는 사람들의 놀림에도 아랑곳하지 않고 4.3kg의 못생긴 우량아를 안고 다니며 동네방네 자랑을 하고 다니셨다.

부모님은 하나뿐인 딸이 여러 아이 중 한 명이 되는 것을 원치 않으셨고, 누구보다 특별하게 키우고 싶어 하셨다. 학구열이 높으셨던 아빠 덕분에 일찍부터 선행학습을 하게 되었다. 나이보다 앞선 과정을 배우면서 "왜 이것도 못 하냐?"는 다그침에 잔뜩 주눅이 들었고 혼이 날 때마다 같은 실수를 반복하는 악순환이 계속되었다.

공부뿐 아니라 많은 사람 앞에서 주목받기를 원하셨던 아빠는 학예발표회에서 사회자 대본을 철저하게 연습시키셨다. 나를 무대 한가운데 세우고 싶었던 아빠는 기대감이 높았겠지만, 나는 그 기대만큼 부담이 컸다.

7살까지 엄마 젖을 만지며 잤다. 그러다 젖 냄새가 나면 입학을 못 한다는 말에 겨우 젖을 뗄 수 있었다. 초등학교 1학년을 시작한 지 얼마 지나지 않아 학교에서 돌아온 나는 "선생님이 나를 미워해!" 하며 가방을 집어 던졌고 참았던 울음을 터뜨렸다.

이유인즉슨 수업 시간에 손을 들었는데 나를 시켜주지 않았으니 선생님이 나를 미워한다며 학교에 안 간다고 투정을 부린 것이다. 놀란 엄마는 학교에 찾아가셨고, 55명 모두를 발표시킬 수 없었다는 담임선생님의 설명을 듣게 되셨다. 비슷한 사건을 매해 학기 초마다 겪으면서 부모님은 더 이상 놀라진 않으셨지만, 사소한 것에도 예민하고 유약한 날 염려하셨다.

청년기 중 가장 힘들던 때는 대학교 1학년이다. 스스로 시간표를 계획하고 친구들을 사귀어야 하고 아르바이트, 동아리, 공부, 연애 모두 혼자 선택하고 책임져야 한다는 사실이 너무 두렵고 부담스러웠다. 나처럼 학교생활에 만족하지 못하던 친구 중에는 각자만의 다른 여러 이유로 입학 후 편입을 준비하기도 했다. 첫 오리엔테이션에서 몇몇 친구들과 친해졌는데 하필 그중 2명이 입학과 동시에 캠퍼스커플이 되었고 다시 친구를 사귀려고 했을 땐 성향이 맞는 친구들끼리 그룹이 형성되어 있었다. 여학생이 많은 학과 특성상, 이미 만들어진 무리에 뒤늦게 들어가는 일이 쉽지는 않았다. 공강 시간에 함께 할 친구가 없다면 새로운 친구를 찾아보거나 혼자 도서관에서 공부하면 됐을 텐데, 누군가에게 다가가는 것이 망설여졌고 공부는 더더욱 싫었으며 다른 사람들이 보기에 혼자인 모습으로 비치는 것 또한 자존심이 상했던 난 그때마다 기도실로 숨어버리곤 했다.

"엄마가 불안할 때 먹는 약인데 이거 먹으면 괜찮아질 거야, 지갑에 넣고 다니다가 너무 힘들면 먹어." 힘들어하는 날 지켜보던 엄마가 약 봉투를 쥐여주며 말씀하셨다. 고등학교까지만 해도 학교 가기 싫어하는 날에는 엄마가 손을 잡고 교문 앞까지 데려다주기도 했는데 스무 살 다 큰 청년을 데려다주는 건 아니라고 판단하셨나 보다.

힘든 날엔 약 봉투를 만지작거리며 고민했다.

'과연, 진짜 도움이 되는 약이 맞을까? 엄마한테 맞는 약이더라도 나한테는 안 받을 수도 있잖아? 안 맞아서 부작용이라도 있으면 어떡하지? 내 힘으로 해결하고 싶은데, 약에 의존하게 되면 어떡하지? 이거 전에 먹었던 소화제같이 생겼는데 안심시키려고 그렇게 말하면서 준 건 아닐까?'

힘들 때 기도실에 가는 것만으로도 마음이 평안해져서 약을 먹은 적은 없었지만 급할 때 도움을 받을 수 있는 비상약을 지니고 있다는 사실만으로도 안정감을 느꼈다.

이후 동아리 활동을 하면서 공강 시간을 걱정할 필요 없이 수많은 모임으로 채워진 덕분에 혼자 울 시간은 사라졌지만, 사람들과 어울리는 것이 미숙했던 난 자기중심적으로 말하고 행동하는 습관 때문에 버릇없는 외동딸 이미지가 굳어져 선배나 친구들에게 질타를 받기도 했다. 그때까지만 해도 내가 다른 사람들에 비해 사회성이 부족하다는 사실을 전혀 깨닫지 못했고, 사람들이 날 이해하지 못한다고만 생각했었다.

곤란한 상황마다 동아리에서 멘토였던 언니가 나를 옹호하고 대변해 주었다. 언제나 내 편이 되어주었고, 나의 연약함을 감싸 준 언니가 있어 다행이었다.

모두가 평범하게 겪는 사소한 문제조차 두려워하고 겁내는 자신이 한심했고 부모님 도움 없이는 작은 문제 하나 스스로 해결하지 못하는 나 자신을 받아들이기 힘들고 부담스러웠다.

부모님께는 하나뿐인 늦둥이 딸이었지만 세상 물정을 너무 모르고 사람들과 어울리는 많은 순간마다 불편함을 겪어야 하는 내가, 특별하기보다 특이한 것만 같았다.

    내가 나를 잘 데리고 살 수 있을지 난감하고 걱정스러운 날이 많았다.

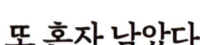

또 혼자 남았다

피구시합을 할 때마다 난 거의 끝까지 살아남았다. 운동신경이 좋았던 것이 아니었고 민첩하거나 공격을 잘 해서는 더더욱 아니었다. 단지 겁이 많고 느렸던 난, 경기장의 경계선 최대한 가까이에 붙어서 적군인지 아군인지 들키지 않으려고 숨어다니면서 피했을 뿐이다. 그러다 모두 공에 맞아 퇴장하고 결국 혼자 살아남은 것을 들키는 순간이면 힘없이 자폭하듯 공을 맞고 퇴장하곤 했다.

어쩔 수 없이 혼자 남겨졌고 그 사실이 확인되는 순간 기분을 말하자면, 마지막까지 남은 것이 자랑스럽기보다 두려움에 숨어있던 모습이 들켜버린 것 같아서 창피하고 부끄러울 뿐이었다.

가끔, 내가 삶을 대하는 태도 또한 피구시합 속 내 모습과 같다는 생각을 해 본 적이 있다.

한번 시작한 일은 꾸준히 하다 보니 교사 생활도 10년 이상, 교회학교 유치부 교사 역시 20년 이상이 되었다. 주일학교 교사 25년, 어린이집 교사 13년 무슨 일이든지 시작하면 그만둔다고 말해본 적이 거의 없다. 이직하거나 휴직을 한 이유는 이사나 출산, 육아와 같은 피치 못할 외부요인들 때문이었고 개인적인 힘듦을 이유로 쉬고 싶다는 말을 해 본 적은 없었다. 어쩌다 말한 적도 있었지만, 끝까지 내 의견을 관철하지 못하고 물러서기 일쑤였다. 오랜 시간 한결같은 모습으로 그 자리에 있다 보니 '책임감 있는 사람', '묵묵히 자리를 지키는 사람', '성실한 사람'이라는 수식어가 따라 다녔고 때론 혼자 남겨져 난처한 상황에 마주할 경우가 생긴다.

오랜 시간을 한 자리에 있다는 것만으로도 칭찬을 받았지만, 어느 때엔 칭찬을 듣는 것이 난처하기도 했다. 힘들고 지칠 때면 쉬거나 잠시 멈추어도 괜찮았을 텐데…

때로 버거운 날에 내 입장이나 상황을 이야기해 보았다면 이렇게까지 곤란하지만은 않았을 텐데… 왜 한 번도 말해 볼 생각조차 못 했던 걸까?

종소리를 들으면 조건반사적으로 침을 흘리는 파블로프의

개처럼, 지시가 내려질 때마다 나도 모르게 따르고 있는 내 모습에 화가 났다. 부모님께서 모든 선택과 책임을 대신해 주셨기 때문에 정해진 대답은 무조건 "네"뿐이었다. 사춘기 시절에 한 번씩 반항했다가도 내 주장을 관철하기는커녕 문제해결을 부모님께서 해 주셨기 때문에 내 의견은 거절당하기 일쑤였다. "아니"라고 말하고 싶어도 입 밖으로 꺼내지 못한 말을 노트 가득 적었다가 지우기를 수없이 반복할 뿐이었다.

어린 시절 장래희망이었던 '교사'라는 꿈을 이루고 최선을 다해 달려왔지만, 끝까지 현장에 남을 계획은 단 한 번도 없었다. 마흔 이후엔 '작가'로 살아야겠다고 생각하고 있었지만, 다음 걸음을 위해 이렇다 할 도전을 하지 않았으니 다른 사람들이 내 속을 모르는 것은 당연했다. Ego(어울리는 나)와 Self(내면의 깊은 나)가 대립하면서 Want(타인의 요구에 맞추어가는 나)와 Like(내가 원하는 나)가 갈등하던 지난 10년은 '교사'와 '작가' 사이에서 고민하고 준비하며 기도한 시간이었다.

막내 하은이가 초등학교 갈 무렵 갑작스레 친정엄마가 돌아가시면서부터 어린이집을 그만두게 되었지만, 교회학교 유치부에서는 변함없이 교사의 역할을 이어갔다. 마음 한편으로는 교회학교에도 쉬겠다고 하려다 일주일에 한 번뿐인 교사이기에 계속 이어가게 되었다. 새롭게 하고 싶은 공부와 글쓰기에 도전하고 싶었지만 주어진 교회학교 교사의 역할에 집중하느라 새로운 것을 시도할 시간과 여유를 내지 못 했다. 이런 내 마음을 교회에 말씀드릴 용기도 없고 새로운 도전도 두려워 혼자 기도할 뿐이었다.

피구시합에서 숨어있다가 끝까지 살아남았던 것처럼 내 생각을 이야기할 용기가 없어 고민하는 나에게, 고맙고 기대한다는 인사가 때론 부담으로 다가오기도 했다.

교사였던 나를 칭찬해 주신 분들께 감사드리며, 작가 윤미라를 기대하고 또 응원해 주십사 부탁하고 싶다. 소중했고 사랑하는 '교사'의 이름표를 내려놓으며, '작가'라는 새로운 걸음과 함께 어렸던 나와도 인사하고 싶다. 그동안 수고했다고…

두 명의 친구

 내 유일한 타인(사람은 아니지만), 첫 번째 친구는 바로 하나님이다. 무엇인가 잘못한 날, 두 분은 합심으로 나를 꾸짖으셨고 혼내다가 호흡이 맞지 않을 때는 두 분이 서로 다투시기도 했다. 언제나 결과는 2대 1의 판정패였고 두 분은 같은 방으로 들어가셨지만 나는 혼자 남겨져 울며 마음을 추슬러야 했다. 다행인 것은 혼자 울 때면 내 편이 되어주시는 하나님이 있었다는 것이다.

 모태신앙이었던 나는 유난히 교회에 가는 것을 좋아했다. 새벽기도, 수요예배, 금요 기도회, 부흥회까지. 어릴 땐 많은 사람을 만나는 것이 즐거웠고 다양한 공연이나 큰 행사를 하고 선물을 많이 주는 것 또한 쏠쏠한 재미이기도 했다.

어른이 되면서 어려운 문제가 하나둘 늘어날 때마다 찾아가는 곳 또한 교회이다.

속상하고 힘들 때마다 숨을 곳이 필요했고 사소한 일에도 유난히 괴로워했기 때문에 교회를 찾는 빈도가 높았다. 엄마 아빠에게 혼난 날, 친구와 다툰 날, 면접에 떨어진 날, 배우자를 만나기 위해 준비하던 날, 무수히 많은 여러 날마다 교회로 달려갔다. 필요한 모든 순간마다 하나님께서는 상담자로, 친구로, 멘토로, 도움을 주는 누군가가 되어 주셨다.

혼자였지만 외롭지 않았고 언제 어디서나 든든한 배경이 되어 주시는, 내 진짜 아빠이신 하나님은 숨 쉬는 모든 순간 나와 함께 하셨다.

> 마음이 마음이 어려울 때, 얘기해 보세요 얘기해 보세요
> 마음이 마음이 기쁠 때에 하나님과 얘기해 보세요
> 힘들고 어렵다고, 기쁘고 행복하다고
> 그 어떤 얘기라도 하나님께 이야기하면
> 마음이 마음이 편안해요 내 이야기 들어주시니까요
>
> <파이디온 어린이찬양 '하나님과 이야기하면'>

하나님과 더불어 두 번째 친구는 바로 책이다.

의논할 사람이 없을 때, 삶에 질문이 생길 때마다 사전이나 지침서에서 방법을 찾듯 서점으로 달려갔다. '화장을 책으로 배웠어요, 연애를 책으로 배웠어요'라는 말처럼 실전에 부딪혀 볼 용기가 나지 않거나 때론 귀찮다는 이유로 책을 읽고 시뮬레이션을 하며 연습했다.

 무시로 교회와 기도실을 찾았듯이, 도서관이나 서점에서 수다를 떨 듯이 내 생각에 맞장구쳐 줄 것 같은 책을 찾았다. 자유롭게 표현하지 못하는 내 생각과 마음을 대신 정리해서 간결하게 설명해 줄 친구가 필요했다. 그때마다 책은 언제든 내 투정을 다 받아주고 다친 마음을 토닥여 주는 휴식처가 되어 주었다. 좋아하는 친구와 사귀는 것처럼, 마음에 드는 작가의 생각과 가치를 더 알아가고 싶어 책을 모으기 시작했고 작가의 새로운 모습을 발견할 때마다 친구와의 사귐이 깊어져 가는 것 같았다.

 책을 읽는 모든 공간은 채움과 배움의 장소였고, 글을 쓰는 모든 시간은 나와 내가 만나는 즐거운 순간이었다. 읽기를 통해 묶여있던 내가 쓰기를 통해 해방되는 요즘은 그 어느 때보다 설렘으로 행복한 시간이다.

시험보는 꿈

　남자들이 가끔 꾸는 악몽이라고 하는 군대에 다시 가는 꿈처럼, 나에게도 잊을만하면 한 번씩 꾸는 꿈이 있다. 수능시험장에서 시험지가 하얗게 보이고 얼굴은 더 하얗게 질려서 한 문제도 풀지 못하고 식은땀만 흘리다가 잠에서 깨곤 한다. 잊을만하다가도 꾸곤 해서 꿈속에서도 꿈이라는 것을 인지하면서도 그 상황이 되면 또 속상해서 울먹이다가 잠에서 깨어 혼잣말한다. "인생 시험지를 혼자 풀 수 있을까? 부모님께, 남편에게, 친구에게, 아이들에게 기대기만 하는 내가 자신을 책임질 수 있을까?"

　초등학교 2학년 첫 임원선거에서 아빠가 써 준 연설문을 달달 외우고 연습한 덕분에 생애 첫 반장이 되었다. 당시에는 연설문을 연습한 사람이 나밖에 없었기 때문에 신기했을 친구들이 나를 선택해 주어 반장이 된 것 같다. 하지만 학급을 위해 봉사하기보다 내가 똑똑해서 반장이 되었다고 생각하고 친구들 앞에서 군림하며 잘난 척하는 것을 즐겼다. 내 실력으로 선거에 나간 3학년 이후부터는 부반장이 되거나 보란 듯이 떨어지기도 했다.

아빠는 교내외 수많은 경시대회마다 신청서를 내셨고 나는 초등학교 6년 내내 백일장이나 사생대회, 성경 암송대회 같은 각종 대회를 부지런히 다녔다. 간혹 교내 대회에서는 상을 받기도 했지만, 큰 규모의 대회에서는 떨어지기 일쑤였다. 학년이 올라갈수록 나가야 할 이유도 모르는 채 자꾸만 떨어지는 대회에 더는 나가고 싶지 않았다. 실력 있는 친구들의 들러리를 서야 하는 수많은 대회가 부담스러울 뿐이었다. 하지만 파일 가득 상장과 성적표가 채워져 갈 때마다, 내 기분과 상관없이 아빠는 자신의 100점짜리 성적표라 생각하며 흡족해하셨다.

'저건 내 상장, 내 성적표가 아니야. 내 실력이 아니라 아빠 실력이잖아.'

입 밖으로 말해 본 적은 없었지만 수 없이 속으로 중얼거리다 삼켜 버리곤 했다.

초등학교 3학년 때 실과숙제로 '스킬방석 만들기'가 있었다. '스킬'은 일정한 길이로 자른 털실을 갈고리 모양의 바늘로 망사에 걸어서 수를 놓는 자수인데 A4용지 크기 정도의 방석을 만드는 DIY 과제였다. 나는 곰돌이 모양이었는데 주어진 시간에 끝내지 못하고 힘들어서 울다 잠들었다. 그런데 다음날 눈을 떠보니 곰돌이 방석이 완성된 채 가방 안에 들어 있었다. 부모님께서 밤새 숙제를 대신해 주신 것이다.

'또 엄마, 아빠가 해 줬네…'

다행스러우면서도 한편으로는 떳떳지 못한 마음과 함께 완성된 숙제를 제출했다.

부모님의 초밀착관리와 과잉보호 속에서 유년시절을 지나고 사춘기에 접어들 무렵, 우리 가정에 큰 변화가 찾아왔다.

아빠의 주식투자 실패로 모아놓은 종잣돈이 종잇장처럼 사라졌고, 어려워진 형편으로 이사준비를 하던 중 엎친 데 덮친 격으로 엄마는 담석 제거 수술까지 받게 되었다.

갑작스러운 전학은 부모님 잔소리에서 벗어나 맘껏 놀 수 있는 절호의 기회였다.

부모님은 힘드셨지만 나는 마냥 행복했던 중학교 1학년 동안 맘껏 놀 수 있었다.

전학 후 첫 시험결과는 반에서 2등, 전교 20등으로 놀았던 것치고는 다행스러웠지만 처음 말 걸어주었던 친구가 나 때문에 자신의 등수가 밀려난 것을 알고부터 나에게 인사조차 하지 않았다. 공부하는 것도, 새로운 친구를 사귀기도 쉽지 않았고 부모님의 도움 없이 아무것도 할 수 없는 나를 발견할 때마다 속상하고 실망스러웠다.

나를 데리고 사는 게 부담스러운 날이면 시험 보는 꿈을 꿨던 것 같다.

8년 전 1년 사이로 부모님이 연이어 소천하셨다. 슬픔이 채 가시기도 전인 1년 남짓 지났을 무렵 남편이 서서히 아프기 시작했다. 처음에는 허리디스크로 힘들어 이 병원, 저 병원을 전전하다가 엎친 데 덮친 격으로 약물 부작용으로 인해 식이장애까지 찾아왔다. 두세 달 사이에 10kg 가까이 체중이 빠져서 힘들어하던 어느 아침, 식사 도중 숟가락을 떨어뜨리면서 결국 응급실로 실려 가게 되었다. 부모님과의 이별을 슬퍼할 겨를도 없이 이어지는 어려움에 정신이 없었고, 이게 어찌 된 일인지 두려웠다.

부모님과 남편의 도움 없이는 아무것도 할 줄 몰랐던 내가 가사과 육아, 남편의 일상생활 복귀까지 1년 남짓한 시간을 무슨 정신으로 지냈는지 모르겠다.

어렵다고 해서 도망치거나 포기할 수 없는 시험지 앞에서 울고 있을 수만은 없었다. 누구도 날 도와주거나 내 역할을 대신해 줄 수 없는, 오롯이 혼자서 감당해야만 하는 상황에 직면한 것이다. 스스로 기도해야만 했고 모든 선택에 대한 책임을 내가 질 수밖에 없었다. 그 순간, 지금까지 내가 한 번도 넘어져 본 적이 없었다는 사실을 깨달았다. 넘어질라치면 부모님이, 남편이 잡아주었고, 끝내지 못한 숙제가 자고 일어나면 완성되었듯이 삶의 크고 작은 과제들을 누군가가 대신해 주었다는 사실을 발견했다.

  그때부터 나는 힘을 내어 넘어진 나를 스스로 일으켜 세웠고, 틀리면 지웠다가 다시 쓰기를 이어갔다. 힘든 날은 쉬었다가 다시 시도하기를 되풀이했다. 끝까지 포기하지 않았을 때 시간이 걸리더라도 결국 답을 찾을 수 있었고 그걸 깨달았다는 것만으로 이미 충분했다. 수 없는 시행착오를 통해서 두려움을 이겨낸 덕분인지 더 이상 시험 보는 꿈을 꾸지 않게 되었다.

안녕, 나의 어린 날

 남편이 신경성 위장병 치료를 받고 1년이 지난 무렵이었다. 약 처방을 받으러 병원에 따라간 어느 날, 신경정신과 선생님께서 보조 의자에 앉아 있던 나에게 말을 거셨다. "보호자님, 이제부터 본인의 삶을 사세요" 느닷없이 듣게 된 선생님 말씀에 당황했던 난 어리둥절한 채 집으로 돌아왔고, 그때부터 내 삶이 무엇인지 자신에게 묻기 시작했다.

 그런데, 큰일이다. 터져버린 눈물이 도무지 멈추지 않았다. 처음엔 이상증세를 알려준 선생님이 고마웠다. 하지만 두 번째는 슬펐고, 세 번째는 미친 듯이 화가 나고 서러웠다. 하은이 방에 들어가서 이불을 뒤집어쓰고 흐느껴 울기 시작하다가 대성통곡을 했다. 처음 본 내 모습에 당황한 아이들과 남편은 이상히 여기며 걱정하기 시작했다. 다른 사람 앞에서 울어본 적이 없었기에 이런 내 모습이 나조차도 낯설고 놀라웠다. '나 왜 울지? 슬픈 것도 아니고 화나는 것도 아닌데 왜 눈물이 나오는 거지? 기분과 감정을 나도 모르겠는데 눈물이 멈추지 않는 거지?' 그렇게 며칠 동안 울었나 보다.

한참 울고 난 후에야 간신히 일어나 다시 물었다. 도대체 이 눈물이 어디서 기인한 것인지 기필코 찾아내고 싶었다.

언제부터였을까? 코로나 기간 아이들과 집에서 세 끼 식사와 간식을 쉼 없이 차려준 것이 힘들었을까? 주부 생활이 적성에 맞았기 때문에 크게 불편한 적이 없는데…

어쩌다가 내가 이렇게 아픈 것도 모른 채 여기까지 왔을까? 나를 살피고 돌아볼 여유조차 없었던 걸까?

더 거슬러 올라가 보았다. 남편의 수술과 치료, 재활, 일상복귀와 함께 식단관리에 더 신경을 써야 한다는 부담감 때문인가? 아니면 부모님의 연이은 장례부터였나?

과도한 업무로 버거웠던 어린이집에 대한 원망일까?

2, 30대 때는 한꺼번에 여러 일도 거뜬하게 하던 게, 인생의 속도는 빨라지고 삶의 무게는 무거워지는 것 같아 힘에 부쳤을까? 자신에게 끝없이 묻고 따졌지만, 생각이 깊어질수록 점점

더 나만의 생각에 갇히면서 왜곡된 해석을 하거나 망상에 빠지는 것 같았다.

도무지 내 힘으로 나올 수 없겠다는 생각이 들기도 했지만, 누구에게 어떻게 도움을 받아야 할지 알 수 없었다. 그러던 중, 상담가인 집사님과 1년 남짓한 시간 예기치 않은 치료가 시작되었다. 처음부터 상담을 목적으로 한 만남은 아니었다. 성경 공부 모임을 통해서 말씀 앞에 나아가 문제를 나누고 함께 기도하고 식사도 하면서 깊은 교제가 이어져 갔다. 가끔 집사님이 의미 있는 질문을 던져줄 때마다 제자리걸음이던 문제의 답을 찾을 수도 있었다.

여러 고민과 함께 새로운 공부를 위해서 학회를 찾아보던 중 '의미치료 상담사과정'을 발견하게 되었다. 그런데 놀랍게도 이 과정의 지도교수님이 다름 아닌 박상미 교수님이었다. 부모님이 돌아가신 후 힘들었던 내 삶을 일으켜 준 「마음아, 넌 누구니?」와 「관계에도 연습이 필요합니다」 책의 저자이신 박상미 교수님을 이렇게 만나다니!

교수님에 대한 기대를 안고 의미치료 3급 과정에 지원하게 되었다.

공부를 통해 나에 대해 객관화할 수 있었고 내 삶의 의미를 탐색하는 것도 즐거웠다.

수업에서 만난 선생님들과 이야기를 주고받으며 크게만 보이던 내 문제들이 작아지기 시작했다. 의미치료를 통해서 많은 것을 배울 수 있었지만 2급 수료를 이어 가기엔 상담가 공부보다 치유가 더 필요했고, 지난 1년 동안 차곡차곡 준비해 온 나만의 책 쓰기를 우선 마무리하고 싶은 마음이 컸다.

　'의미치료' 공부와 함께 새로운 나로 도약하게 된 또 다른 계기가 있었다. 바로, 퇴임 권사, 장로님의 임직자 은퇴 기념도서「다른 인생 같은 믿음」프로젝트에 참여하게 된 것이다. 작가 겸 강연자이신 장로님께서 문집 참여를 권하셨다. 유치부에만 오랜 시간 있던 내게 글쓰기를 제안하시는 것이 부담스러워 처음엔 거절했지만, 마음 한편으로는 내가 책을 좋아하고, 글을 쓰려는 걸 알아봐 주신 장로님께 감사하기도 했다. 사실, 좋아하는 책만 편식하듯 읽고 글쓰기는 해 본 경험이 없기에 선뜻 답변하기가 망설여졌다. 쓰고 지우던 일기, 문장 필사 노트, 스트레스 해소용 노트가 전부인 내가 과연 내가 완성된 문장과 문단을 채워 갈 실력이 있을까? 내 실력을 가늠할 수 없을뿐더러 다른 사람의 생각을 정리하는 인터뷰 글이기 때문에 어색한 관계 속에서 묻고 경청하는 작업이 어려울 것 같았다. 하지만, 작가를 꿈꾸는 나에 대해 잘 알고 있는 친한 언니의 응원에 힘입어 참여하게 되었고 감사하게도 출간된 후 임직자 은퇴 기념

도서가 국민일보에 기사화되었다. 기사 한 편에 내 글의 일부가 발췌되어 실렸는데 짧은 몇 줄이 실렸을 뿐이지만 고심 끝에 다듬은 문장이 선택되었다는 사실이 기뻤고 나의 글을 써 볼 수 있겠다는 작은 용기도 생겼다.

일련의 사건을 통해 오랜 고민 끝에 미루던 일을 하기로 마음먹고는 책 쓰기를 위한 혼자만의 프로젝트를 시작했다. 버지니아 울프의 「혼자만의 방」을 덮자마자 안방의 드레스룸을 개조해서 나만의 집필실을 만들었지만, 마음에 들지 않아 결국에는 방 한 칸이 더 있는 집으로 이사를 했다. 사진첩을 정리하고, 책장에는 내 삶에 의미 있던 작가님들의 책을 가지런히 정리해 두었다. 훗날 책을 쓸 때마다 저장해 놓은 사연을 하나씩 꺼내어 이야기를 풀어갈 생각이었다. 책의 제목과 목차, 소재 등을 정리했고 그 안에 담을 사진이나 그림, 편지, 프로필 촬영까지 하나씩 준비했고 작은 규모의 문집 수준으로 제작하려고 1인 출판사를 알아보았다.

그러던 어느 날, '의미치료학회'에서 '책 쓰기 프로젝트' 공지가 올라온 것을 보았다. 학회에서는 매일 새로운 소식을 공지해 주는데, 내용을 확인하고 지나쳤지만, 이번만큼은 놓칠 수가 없었다. 교수님께서 올려주신 계획서는 지금까지 준비하고 진행 중인 내용과 완벽하게 일치했기에 1초의 망설임도 없이 신청했다. 혼자서 하는 것보다도 학회와 교수님의 도움을 받아 한 팀으로 함께 하면 더 재미있고 배우는 것이 많을 거라고 확신했다. 3급 과정의 모든 수업도 행복했고 교수님을 비롯해 좋은 분들을 알게 되었기 때문이다.

지난 1년의 만남과 사건들은 누군가 날 위해서 준비해 놓은 것처럼 우연치고는 신기하리만큼 연결되었다. 일련의 과정 가운데 아팠던 난 나아져 갔고 '의미치료'를 통해 회복되었으며 '글쓰기'를 하며 마음 재활을 할 수 있었다.

건강해진 모습으로 신경정신과 의사 선생님을 찾았을 때 밝아진 나를 보시고 웃으며 맞이해 주셨다. 선생님은 1년 전에는 마스크 뒤 표정 잃은 눈빛을 보시고 급히 알려줘야겠다고 판단하셨고 짧은 시간에 알려줬어야 했기 때문에 길게 말할 수 없었다는 뒤늦은 설명을 해 주셨다. 선생님의 첫인상은 차가웠지만 냉철한 한 마디 조언 덕분에 난 비로소 내가 되어갔다. 긴 설명을 하지 않으시더라도 이제는 안다. 사람들의 아픔을 소중하게, 조심히 대해주시는 따뜻한 진심을.

7살에 했을 유치원 졸업을 43년 만에 하게 된 요즘, 남들보다 꽤 늦었지만 여기까지 오느라 수고했다고 나 자신에게 말해 주고 싶다. 엄살쟁이에 어리광 심한 나를 믿음으로 키워주신 부모님과 남편, 두 딸에게 고맙고 누구보다도 가장 큰 그늘이자 날개가 되어주시는 하나님께 감사할 따름이다. 어른으로의 새로운 첫걸음을 딛으며, 한 걸음을 걷더라도 나다운 속도와 경쾌함으로 나아가고 싶다.

우리는 사실 삶의 순간마다 주어지는 고민들을

애써 외면하려 한다.

그래서 자아가 어떻게 해야 껍질을 깨고 나와

새로운 세계와 만날 수 있는지 잘 모른다.

더 치열하게 답을 찾을 필요가 있다.

내 세계에 조금만 위협이 와도 금방 죽을 것처럼

공포에 질리는 게 아니라,

새가 알을 깨고 나오듯 사력을 다해 껍질을 부수고자 해서

극복해야 한다.

겁에 질려 평생 자아를 세상 밖으로 꺼내 보지도 않을건가,

아니면 당당히 세계와 마주하겠는가?

선택은 우리 몫이다.

수많은 '에밀 싱클레어'가 세상 밖으로 나올 수 있기를 기대한다.

<'데미안'의 작품해설 중>

그땐 왜 몰랐을까?
사춘기가 된 하영이, 하은이를 대할 때마다
그 당시 엄마, 아빠 힘들게 했던 일들이 스쳐 지나가.

나랑 살아줘서 고마워

가족들에게

나만의 맞춤형 상담가
아빠에게

아빠, 잘 지내지? 오랜만에 아빠를 불러보네.

이 세상 유일한 상담자는 아빠밖에 없었는데 이제는 주위에 좋은 친구들이 많아져서 즐겁게 지내고 있어. 아빠가 떠나고 엄마가 제일 힘들어했지만, 사실은 나도 아빠가 보고 싶어서 오랜 시간 혼자 많이 울었어. 힘든 일이 생기거나 기쁜 일이 있을 때, 의논할 일이 있을 때면 여전히 제일 먼저 아빠 생각이 나.

68세가 되면서부터 몸이 많이 약해져서 하시던 공인중개사 일을 정리하면서도 즐겨 하던 낚시는 가끔 다닐 수 있었는데… 운전조차 어려워지면서 자동차 열쇠를 나에게 주어야 했을 때 아빠는 어떤 마음이었을까?

숨이 차서 몇 걸음 걷기조차 힘든 아빠에게 차는 다리가 되어주었고 때로는 우산이, 그늘이 되어 주었잖아. (아빠는 젊은 시절 폐결핵을 심하게 앓고 20%밖에 남지 않은 폐 기능으로 남은 생을 사셨기 때문에 몇 걸음 걷다가도 숨이 차셨고 활동적인 일을 하기 어려우셨다.) 운전해서 바람도 쐬러 다니고 소소한 업무를 보러 다닐 수도 있었는데 그마저도 내려놓고 정리해야만 하는 마음은 어땠을까?

"넌 학교 태워주는 10분 동안도 차만 타면 자더라. 멀미가 심하고 피곤하면 그렇대."

"아빠는 운전하는 게 즐거워. 비바람이 불어도 차 속은 안전하잖아. 원하는 곳까지 편하게 데려다주고… 차에 타면 하나님이 어려움 가운데서 보호해 주시는 느낌이 들어"

남기고 간 차를 탈 때마다 울었어. 속상한 일 있을 때마다 아빠한테 전화하던 생각이 났고 아빠의 자리에 앉을 때마다 더 보고 싶더라고.

그때부터일 거야. 힘든 일이 있으면 차에 가서 혼자 우는 버릇이 생긴 게.

아이들이 크니까 식사시간이 달라서 각자 밥을 차려줘야 하는데, 그 시간마다 어릴 적 아빠가 그랬던 것처럼 나도 아이들 맞은 편에 앉아.

"미라야, 혼자 밥 먹으면 쓸쓸하니까 함께 앉아 있을게. 아빠는 네가 또 어떤 하루를 보냈는지 항상 궁금해. 하나님께서도 우리를 지켜보고 있으니까 다 알고 계시겠지만 그래도 우리가 먼저 기도하러 나아가면 기다렸다는 듯이 반가워하실 거야. 학교 다니거나 일하다 보면 바쁘니까 주중 예배는 갈 수 없더라도 시간이 날 때나 어려운 일 있으면 꼭 기도해." 한참 사춘기 때였으니 아빠, 엄마랑 대화하기 싫은 날에는 아빠의 말을 흘려듣는 척했지만, 사실은 마음 한 편에 담아놓았어.

식사하는 아이들 앞에 앉아서 "할아버지는 엄마가 혼자 밥을 먹으면 같이 이야기를 들어 주셨어." 하고 말을 꺼내는데, 그때마다 아이들은 "엄마는 밥 먹을 때 항상 할아버지 이야기하더라." 하면서도 학교에서 있었던 일을 말해 주거나 핸드폰을 보면서도 내 이야기를 들어줘. 아이들이 식사 때마다 귀찮아하더라도 난 꿋꿋이 아빠 이야기를 할 거고 그때마다 매번 아빠를 그리워할 거야. 나랑 많은 대화를 하고 싶었던 아빠 마음을 조금만 더 일찍 깨달았더라면 함께 있었던 그 순간들을 행복한 추억으로 채울 수 있었을 텐데⋯ 늦은 후회가 되기도 해.

그땐 왜 몰랐을까?

사춘기가 된 하영이, 하은이를 대할 때마다 그 당시 엄마, 아빠 힘들게 했던 일들이 스쳐 지나가. 친구가 더 좋았고 엄마, 아빠 이야기는 잔소리라 생각하며 방문을 닫고 때론 당돌하게 따지고 대들기도 했잖아. 나를 향한 두 분의 마음이 어떠했을지, 나를 두고 얼마나 기도하셨을지, 나를 점점 놓아주던 그 마음은 또 어떠셨을지…

   엄마가 된 나도 자라가는 아이들을 지켜보면서 새벽마다 기도해. 아빠가 날 위해서 기도해 준 것처럼.

그리운 엄마에게

엄마…

엄마랑은 분명 친한 사이가 아니었는데, 오히려 아빠랑 더 친했던 것 같은데 시간이 지날수록 엄마가 더 보고 싶은 건 왜일까? 보이는 곳, 보이지 않는 곳마다 숨겨 놓은 엄마의 손길과 기도가 떠오를 때마다 엄마가 그리워져.

하영이, 하은이랑 엄마 이야기를 많이 하는 거 알지?

식탁에 조기구이가 올라갈 때마다 "할머니가 쪼끼 맛있게 굽는데, 엄마는 왜 이렇게 못 구워? 할머니가 사투리로 '쪼끼 먹자'라고 해서 틀린 말인 줄 알면서 장난치려고 더 크게 '쪼끼! 쪼끼!' 일부러 따라 했어." 아이들도 엄마가 기도해 준 덕분에 바르게 자라고 있어. "엄마가 어린이집 선생님이었을 때, 할머니가 키워주셔서 우리가 이렇게 괜찮은 거야." 하고 엄마 이야기를 자주 해.

뒤늦게 듣게 된 사실인데, 아이들과 함께 퇴근하고 돌아오면 현관에서부터 생선 굽는 냄새와 함께 엄마가 찬양하면서 반갑게 맞이해 주던 모습이 소중한 기억이었나 봐.

내가 식구들한테 음식 해 줄 때나 피아노를 치면서 찬양할 때 "엄마, 할머니 닮았어."

"어머님은 힘든 날도 늘 찬양하셨어." 하더라고. 잠시 엄마가 떠오르는 시간이야.

엄마가 보고 싶은 날이면 아빠 돌아가시고부터 아빠에게 편지 쓰듯이 기록한 엄마의 노트를 꺼내 보곤 해. 나에게 쓰고 간 마지막 페이지를 펼치면 눈 감는 그 순간까지 내 걱정하면서 마지막 힘을 다해 쓴, 명필인 엄마가 휘갈겨 쓴 글씨체를 보며 편지를 읽기도 전부터 눈물이 나. 날마다 아이들 돌봐주러 오던 엄마가 갑작스레 심장마비로 마지막 인사도 못 하고 떠났던 7년 전 그 날이 오늘 일처럼 떠올라. 남편이랑 하영, 하은이한테 "우리 미라 잘 지켜주고 도와주라" 부탁하고 떠나면서 혼자서는 아무것도 할 줄 모르는 철부지 딸을 두고 가는 마음이 얼마나 걱정스러우셨을지…

"미라야~ 우리 미라야~" 어릴 때는 경상도 억양으로 내 이름을 하도 많이 부르니까 친구들이 엄마 성대모사를 하면서 장난치고 놀리곤 했는데, 그때는 그게 부담스럽고 귀찮기만 하더니 이제 그 목소리가 너무 듣고 싶어.

핸드폰이 없던 시절, 어린이집에서 야근하다가 집에 연락하는 걸 깜빡하고 늦었더니 걱정 많은 엄마가 어린이집으로 전화를 걸어 "우리 미라 있어요?" 하며 바꿔 달라고 한 적이 있어. 주임 선생님께서 전화기를 건네주시면서 "어린이집에 다니는 아이들 중 '미라'가 누구였나 한참 생각했다" 하셔서 선생님들이랑 한바탕 웃은 적이 있어.

그땐 유난스러운 엄마가 부담스럽기만 했는데 이제 그 잔소리마저도 그리워.

어릴 때는 귀에 딱지가 앉도록 많이 이야기하더니 어른이 되면서부터는 가끔 한 번씩 말씀으로 권면해 주거나 필요한 이야기만 잠깐씩 하던 엄마. 말보다는 삶으로 본이 되어 더 많은 것들을 가르쳐준 엄마는 내 인생의 롤 모델이야. 몰랐지?

자라면서 마음속으로 혼자 그렇게 결정했어. 중요한 선택을 해야 하는 순간, 어떠한 마음으로 좋은 태도를 결정할까 고민스러울 때마다 엄마 생각을 해. '이런 경우에는 엄마가 뭐라고 알려 주셨을까? 어떤 선택을 요구하셨을까? 엄마는 어떻게 했더라?' 어렴풋한 기억들을 소환해 와서 하나씩 되새김질하며 살아가고 있어.

아무래도 요즘 최대 관심사와 고민은 사춘기 아이들과 잘 지내는 거야.

나도 사춘기 때 엄마, 아빠 속 많이 썩였는데 그때를 떠올리면서 방법을 찾고 있어.

잔소리가 길어질 것 같으면, 엄마가 나에게 그렇게 했던 것처럼 아이들에게 편지를 쓰기도 해. 철없던 나에게 편지를 쓰던 엄마 마음이 어땠는지 헤아리는 시간이면서 마음속으로 엄마와 대화하는 시간이야.

엄마… 엄마가 보여 준 삶의 예배 기억하면서, 나도 그렇게 살아갈게.

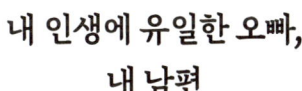

내 인생에 유일한 오빠,
내 남편

  오빠~ 눈 떠서부터 잠들기까지 졸졸 따라다니면서 밤낮없이 쉬지 않고 떠들어서 귀찮지는 않은지, 부담스럽지는 않을지 한 번도 고민해본 적이 없는 것 같아. 지금까지 불편한 기색 한번 없이 다 받아줘서 그랬을 거야. 결혼을 하고 제일 좋았던 건 모든 일상을 공유하고 이야기할 수 있는 짝꿍이 생겼다는 거야. 나에게 오빠는 연인이자 친구였고, 어려운 문제마다 해결해 주는 흑기사이고 곤란한 상황마다 어떤 역할이든 변신하는 'All in one' 같은 존재였어. 만능해결사인 오빠가 허리디스크와 식이장애로 오랫동안 아프면서부터 나도 조금씩 철이 들기 시작한 것 같아.

  돌이켜보니 오빠는 내 트로피였더라고. 뭐든지 다 처리해 주고 좋은 성과를 내주는 오빠가 언제나 자랑스러웠는데, 병들고 아픈 오빠를 똑같은 마음으로 대하는 게 어려웠나 봐. "오빠가 아프니까 내가 뭘 어떻게 해야 할지 모르겠어." 심하게 말하는 건 잔인한 것 같아서 에둘러 표현하긴 했지만 '아픈 오빠는 귀찮고 부담스러워' 어쩌면 정직한 마음의 소리는 이 말이었을 거야. 나에게 무엇을 해 줄 수 없는 오빠라도 끝까지 사랑할 수 있을까? 기쁠 때뿐 아니라 힘들던 모든 순간 함께해 주고 내 허물을 덮어주며, 나를 연약한 그릇이라고 조심히 대해준 고마운 오빠인데 나는 너무 어리고 자기중심적이었어.

언젠가 라디오에서 나와 비교되는 한 아내의 고백을 듣고 부끄러웠던 적이 있어.

'오늘 남편이 암 투병을 한 지 8년이 되어 갑니다. 또 한해가 지나가는데 함께 할 수 있도록 지켜주셔서 감사합니다, 주어진 시간이 얼마 남지 않았지만 소중한 매일 더 사랑하며 살겠습니다' 운전하다가 그 자리에서 곧바로 회개하고 오빠에게 전화해서 미안하다고 했잖아. 철없던 내 지난날을 마구 꾸짖고 싶었어.

이름처럼 서로를 빛나게 하고 세워 주는 오빠, 나도 이제는 미약하나마 힘을 보탤 수 있는 현숙한 아내가 되고 싶고 돌아가신 엄마처럼 성숙한 믿음의 태도로 살고 싶어. 무엇보다도 나쁜 말로 아프게 했던 것에 대해 용서를 구하며 앞으로는 따뜻한 말로 힘이 되는 아내가 될게.

사랑스러운 껍딱지
큰딸 하영이에게

"엄마, 어디야?" 어김없이 걸려오는 전화, 수화기 너머로 들리는 하영이의 경쾌한 목소리는 언제 들어도 반가워. 어릴 때는 울고불고 걱정하면서 전화를 하더니, 이제는 위치를 파악하고 밝은 목소리로 안도하면서 휴식을 한껏 즐기는 네가 마냥 귀엽단다. 엄마를 찾아주고 걱정해주고 의지하고 또 지켜주는 하영이가 있어서 행복해. 엄마가 울 때마다 들어주고 공감해준 네가 있어 다행이면서도, 어린 네게 부담을 주진 않았을까 싶어 마음 쓰이기도 했어. 엄마의 더딘 걸음 탓에 너희들이 건강하게 자라는 데 마중물이 되어주기보다 걸림돌이 되거나 불편 끼치는 것 같아서 미안했고, 사려 깊고 착하다 보니 엄마 때문에 너무 일찍 철이 든 건 아닐까 싶었어. 천진난만하게 까불고 투정 부릴 때 보면 마냥 귀엽고 이렇게 고마운 딸이 있어서 행복해.

 무엇보다도 지난 1년 동안 엄마의 어려움을 지켜보며 보살펴주고 이겨낼 힘을 줘서 고마워. 힘들었지만 아픈 만큼 성숙해져서 하영이가 지치고 고단한 날에 기대어 쉬어갈 수 있는 마음의 쉼터가 되어줄게. 이렇게 마음 따뜻한 하영이가 딸이라니, 엄마는 정말 복이 많은 사람이야.

 조금 있으면 고등학생이 되려니까 막막하고 두렵지? 엄마도 고등학생 딸을 둔 엄마 역할이 처음이라서 긴장되고 떨려. 학교랑 학원에서 예비고 1 입학설명회 다녀올 때마다 기가 죽고 위축되던데 이런 이야기 자주 듣는 하영이는 마음이 더 어렵겠구나 싶더라. 성적 때문에 지치고 친구 관계로 힘들거나 크고 작은 어려움 앞에서 고단한 날 엄마한테 투정도 부리고 쉬어가도 괜찮아.
 하영이가 엄마에게 손 내밀어주고 도와주었던 것처럼, 이번엔 엄마가 도와줄게. 고등학교 진학을 준비하는 과정, 이어지는 공부와 삶의 여정 속에서 너에 대해 고민하고 기도하는 시간을 통해 널 향한 하나님의 선하신 계획을, 그리고 그분이 어떠한 분이신지 깊이 알아갔으면 좋겠다.

그리고 하영아…

하영이가 어떤 선택을 하든 엄마는 하영이의 선택과 결정을 존중해.

엄마 때문에, 엄마의 몫까지 살아야 하는 부담감 때문에 너를 잃지 않았으면 좋겠어.

지금은 공부할 것이 많고 하기 싫은 것도 해야 하지만 어려운 과제를 인내하며 해결하는 가운데 삶의 바른 태도를 익혀가는 값진 훈련이 될 거야. 공부를 통해 지식뿐 아니라 삶을 대하는 바른 자세와 마음가짐 또한 배울 수 있을 거라 믿어.

하영이의 이름처럼 하나님의 영광을 드러내는 삶이 되길 항상 기도해.

하영이를 지으시고 누구보다 하영이를 가장 잘 알고 계시며 널 향한 놀라운 계획을 갖고 계신 하나님께서 하영이의 앞길을 선하게 인도하실 거야. 울고 웃으며 살아가는 모든 날, 모든 순간마다 동행하는 하나님을 신뢰함으로 네 삶의 여정이 고단하지만은 않았으면 좋겠다.

하나님은 너를 만드신 분 너를 가장 많이 알고 계시며
하나님은 너를 만드신 분 너를 가장 깊이 이해하신단다
하나님은 너를 지키시는 분 너를 절대 포기하지 않으며
하나님은 너를 지키시는 분 너를 쉬지 않고 지켜보신단다

하나님은 너를 원하시는 분 이 세상 그 무엇 그 누구보다
하나님은 너를 원하시는 분 너와 같이 있고 싶어하신단다
하나님은 너를 인도하는 분 광야에서도 폭풍 중에도
하나님은 너를 인도하는 분 푸른 초장으로 인도하신단다

그의 생각 셀 수 없고 그의 자비 무궁하며
그의 성실 날마다 새롭고 그의 사랑 끝이 없단다

<찬양 '그의 생각'>

까칠한 그녀,
나를 닮은 막내 하은이에게

엄마 미니미 붕어빵 하은아,

하은이가 태어났을 때, 엄마를 쏙 빼닮아서 반가우면서도 난감했어. '진짜 못생겼네. 크면서 나아지겠지.' 어릴 때는 하은이가 외모도 성격도 엄마를 많이 닮아 친근하다고 생각했는데, 때론 닮음 때문에 오히려 부딪히고 충돌하는 것 같아.

잘 알고 비슷하다고 생각하니까 빨리 나아지라고 재촉하고 다그치게 되더라. 엄마도 네 나이일 때 시행착오 하면서 다듬어지고 배웠으니 너에게도 넘어지고 일어날 시간을 내어주고 기다려줘야 하는데 자꾸만 조바심을 내는구나.

요즘 하은이는 무슨 생각을 하니? 엄마는 오늘도 하은이에게 어떻게 다가가야 할까? 뭐라고 말 걸어야 할까? 얼마만큼의 거리를 지켜야 할까 고민해. 아가였던 하은이가 훌쩍 커서 방문을 닫을 때면 '하은이가 잘 자라가는구나.' 생각하면서도 한편으로는 괜한 마음이 쓰이기도 해. 혼자 있고 싶으면 방문을 잠그거나 옷장에 숨는 것도 충분히 이해할 수 있어, 엄마도 잘 그러니까.

하필이면 하은이의 사춘기와 엄마의 갱년기가 만나는 바람에 하은이가 흔들리는 날 엄마가 더 심하게 흔들리는 바람에 도움을 주기보다 곤란하게 하거나 혼란스럽게 할 때도 많았을 거야. 하은이를 이해하기보다 엄마의 생각을 관철하려고 언성만 높이다 보니 다가가려고 할수록 오히려 멀어지는 부작용이 생긴 것 같아. 엄마 마음은 그런 게 아닌데… 어디서부터 어떻게 설명해야 할지, 사춘기 딸은 어떻게 대해야 할지 책으로 읽고 알았다고 생각했다가도 막상 실전에 적용할 때는 자꾸 틀리고 상처를 주고받게 되는구나. 아무래도 엄마가 형제자매가 없어서인지, 네 말처럼 사교성은 좋은데 사회성이 부족한 탓인지 서로의 생각이 다른 것을 조율하는 과정이 어렵더라고.

마음 같아선 성숙한 어른이 되고 싶어 조급증이 생기는데, 성급해질수록 오히려 허둥대는 것 같아 침착해지려고 노력 중이야. 어떤 땐, 엄마가 네 나이 때 미처 깨닫지 못했던 걸 이미 알고 설명해 줄 때마다 놀라기도 해. 아무래도 어려서부터 언니하고 다투기도 하고 장난도 치고 놀면서 다른 사람들과 어울리며 조율하는 경험이 많아서 그런가 봐. 넌 엄마가 다른 엄마들에 비해 극성이라고 타박하지만 그래도 내 딴에는 많이 절제하고 있다는 건 알아줘.

감사한 것은 매일 자기 전에 하루 한 장 성경 읽으면서 이야기 나눌 수 있다는 사실이야. 말씀 앞에 서면, 거리를 지켜주기를 바라는 하은이에게 성급히 다가가지 않고 적당한 거리를 지킬 수 있게 되거든. 하나님께서 하은이와 엄마에게 무엇을 말씀해 주시고 깨닫게 하시는지, 우리가 어떻게 건강한 관계를 맺으며 함께 자라길 원하시는지 알아갈 수 있음 또한 감사해.

하은아, 하나님을 깊이 알아가는 가운데 그분의 뜻에 따라 성장하고 또 성숙해 가자.

당신의 아이는 당신의 아이가 아닙니다.

아이들은 스스로를 갈망하는 삶의 아들과 딸이니

당신을 통해 왔으나 당신으로부터 온 것은 아니며

당신과 함께 있지만 당신의 소유는 아닙니다.

당신은 아이들에게 사랑은 줄 수 있으나

당신의 생각까지 주어서는 안 됩니다.

아이들에게는 아이들의 생각이 있기 때문입니다.

당신은 아이들의 몸은 돌볼 수 있으나

그들의 영혼은 거둘 수 없으니

아이들의 영혼은 당신이 꿈에서도 결코 찾아갈 수 없는

내일의 집에 살기 때문입니다.

당신이 아이들처럼 되려고 애쓸 수는 있지만

아이들을 당신처럼 되게 하려고 애쓰지는 마세요.

삶은 되돌아가지도 않으며

어제에 머물러 있지도 않기 때문입니다.

당신은 활이니

살아있는 화살 같은 아이들은 당신으로부터 쏘아져

앞으로 나아갑니다.

신은 무한의 길 위에 있는 과녁을 겨누고

그의 화살이 빠르고도 멀리 갈 수 있도록

온 힘을 다해 당신을 당길 것입니다.

그러니 당신은 신의 손에 기쁘게 당겨지세요.

그는 날아가는 화살을 사랑하는 것만큼

튼튼한 활인 당신 또한 사랑해 줄 것입니다.

<칼릴지브란의 '아이들에 대하여'>

혼자에서 둘,
그리고 넷

"하영맘~ 하은맘~" 내가 가장 좋아하는 이름이다.

내게 '엄마'라는 이름을 붙여준 남편과 아이들 덕분에 나에게도 '팀'이 생긴 것이다.

나도 모르게 너무 밀착하다가 요구사항이 길어질 때도 있지만, 진짜 전하고 싶은 속마음은 사실 "고마워"라는 말이다.

쿠크다스 멘탈에, 의존도가 높은 나는 이런 기도를 한 적이 있다. "하나님, 신실하신 부모님을 만나게 하시고 결혼해서도 남편과 함께 믿음을 잘 이어가게 해 주셔서 감사해요. 살다 보면 날아다니거나 달리는 날도 있을 테고, 때론 걷다가 지쳐서 기어갈 수도 있겠지만 훗날 나이 들어 지친 날이 찾아온다면 자녀들의 믿음이 강건해져 도움받을 수 있게 해 주세요" 당시에는 내가 나를 데리고 살 자신이 없어서 더 절실하게 매달렸던 것 같다. 기도하면서도 내가 노력할 생각보다 하나님께만 미루고 의존하는 게으름과 뻔뻔함에 민망하기도 했지만, 어린 나는 사뭇 진지했다.

기도의 응답인지, '사춘기와 갱년기의 싸움에서는 갱년기가 이긴다'라는 속설과 같이 결국 갱년기인 내가 이긴 것처럼 보이지만, 사실은 속 깊은 아이들이 못 이기는 척 져 주거나 나를 품어주기도 한다. 나와 다투고 토라져 있다가도 마음 약한 하영이는 먼저 다가와서 "엄마, 미안해"하고 안아주거나 하은이는 잔소리가 듣기 싫다며 도망치며 시크하게 답하면서도 조금씩 행동을 고쳐간다.

엄마와 딸의 싸움은 당분간 계속되겠지만, 그렇게 우리는 날마다 싸우고 또 화해해 가면서 서로에게 알맞은 거리와 온도를 찾아갈 것이다.

"혹시 저희가 넘어지면 하나가 그 동무를 붙들어 일으키려니와

홀로 있어 넘어지고 붙들어 일으킬 자가 없는 자에게는

화가 있으리라

두 사람이 함께 누우면 따뜻하거니와 한 사람이면

어찌 따뜻하랴

한 사람이면 패하겠거니와 두 사람이면 능히 당하나니

삼겹줄은 쉽게 끊어지지 아니하느니라"

(전도서 4:10~12)

함께라서 행복해

하나뿐인 친구
민주에게

너는 가장 부담스러워하는 수식어지만, 내가 가장 좋아하는 멘트니까 평생 애칭으로 부를게. 대학교 입학 후 동아리 O.T에서의 첫 만남을 시작으로 수많은 계절, 수 없는 시간을 함께했다, 우리.

우리가 만난 스무 살은 화사한 봄날이었는데 어느덧 중년의 가을을 지나고 있네.
뼈가 시리도록 춥게만 느껴지던 몇 번의 겨울을 지나면서도 네가 곁에 있어 따뜻했던 거 아니?

부모님 장례식마다 매일 곁에 있어 주고 납골당까지 따라와 준 널 보고 너무 놀랍고 고마웠어. 형제가 없어서 당연히 곁에 누군가 있을 거라고는 전혀 생각해 보지 않았는데, 말없이 모든 시간 함께 해 주고 머물러 준 네 마음이 소중해서 잊을 수 없어.

아빠가 보고 싶은 날 울면서 전화했을 때, 집으로 불러서 따뜻한 집밥 해주면서 내 이야기 들어주었잖아. 누군가 앞에서 우는 것이 창피하지 않다는 사실을 알게 된 첫 경험이기도 했어. 태어나기 전부터 아빠가 오랫동안 아프셨다는 내용은 숨기고 싶은 이야기였기 때문에 사실, 누구에게도 먼저 말 한 적이 없었거든.

울고 웃으며 수많은 계절을 함께 해 온 민주야~
지나온 여러 날을 아름다운 추억으로 간직할 수 있는 건 혼자 가슴앓이하던 사소한 고민까지도 귀 기울여주고 의미 있게 해석해 준 네 덕분이야.
찜질방 가기, 수영 시합하기, 여행가기, 여행 중 다툼을 기도로 승화시키기, 해마다 전시회나 공연장 다니기… 오랜 시간 너랑 여러 가지를 많이도 했다. 여러 친구와 할 경험의 대부분을 너와 함께 했으니 너에게 부담을 주고 구박을 받으면서도 유일하게 생각할 수밖에 없나 봐.

  네가 나에게 그래 주었듯이 나 또한 너에게 힘이 되는 든든이로 오래오래 함께할게.
  소중한 우정 계속해서 예쁘게 가꾸어 가자~

친언니 같은
경아 언니에게

 하루의 시작과 중간 그리고 끝을 실시간 공유하는 누군가가 있다는 사실이 마냥 신기한 요즘, 자매들은 이렇게 지낼 수 있겠다는 생각을 해 봤어. 부모님, 남편, 아이들, 친구들과 또 다른 친밀한 사이가 이런 거구나… 시시콜콜한 일상을 공유하고 감정과 기분을 나누고 신념과 가치에 대해 진솔하게 이야기할 수도 있다니…

 유안진 작가님의 '지란지교를 꿈꾸며' 시처럼 저녁을 먹고 무시로 전화하거나 만날 수 있는 가까운 존재가 있다는 사실이 즐거워. 내 인생에서는 그런 존재가 있을 줄은 한 번도 상상해 본 적이 없거든. 다 말하지 않는 습관 때문에 띄엄띄엄 보여주거나 어떤 날은 그조차도 귀찮으면 숨어버리곤 하는데 언제부턴가 언니하고 거리낌이 줄어든 것 같아. 지금은 사흘이 멀다 하고 만나는 사이가 되었지만, 처음에는 존대하며 조심스레 알아가기 시작했잖아. 이렇게까지 친해질 줄은 생각도 못 했어.

 생각해 보면 나도 난감한 게 '하은맘', '서연맘'으로 알고 지낸 지 2년도 채 안 됐으면서 덜컥 언니가 있는 캐나다로 놀러 간다고 무작정 티켓팅부터 하고, 일주일이나 염치없이 신세를 지다니 그때 무슨 생각이었을까? 왜 그랬지? 언니가 항상 친절하고 편하게 대해주어서 우리가 친한 사이라고 착각했나 봐. 한국에 돌아와서부터는 말도 놓고 언니, 동생 부르면서 이렇게 막역한 사이가 되었으니 무턱대고 일주일 얹혀살기 잘 한 것 같아.

매번 크고 작은 도전마다 "해 봐! 할 수 있을 거야! 잘 할 거야!" 언니의 응원과 격려 덕분에 새로운 허들을 하나씩 넘다 보니 진짜 여기까지 왔네. 바쁜 퇴근길에 들러서 정여울 작가님의 "끝까지 쓰는 용기" 건네주고 간 덕분에 쓰기가 막히는 날마다 읽고 또 읽으며 많은 용기 얻었어. 평소 같았으면 언니가 직접 이런저런 조언을 해 줬을 텐데, 어려웠던 와중에도 언니 대신해서 필요한 책 선물해 준 덕분에 끝까지 쓸 수 있었어.

가까운 거리에서 언제나 밀착관리 해 주는 언니가 있어 든든한 거 알지?
매일, 매 순간 고마워.

내 마음의 0번
홍 권사님께

이러저러한 여러 날, 모든 순간마다 제일 먼저 떠오르는 홍 권사님…

녹록지 않은 서울살이에서 권사님을 만난 건 가장 큰 행운이었어요.

먼저 말 걸고 마음을 열기까지 시간이 오래 걸리는데, 그것도 나이 들어서 새 친구를 사귀게 된다니 신기할 따름이에요. 내 삶의 모든 만남이 그렇지만, 권사님과의 만남은 하나님의 특별한 계획하심인 것 같아요. 이사한 동네에서 하영이 어린이집 친구 엄마였던 권사님(그때는 집사님이셨죠)은 첫인상부터 조용하고 차분하셔서 편안함을 느꼈어요. 낯선 동네에서 어색해하는 저에게 먼저 말 걸어주시고 다른 엄마들과도 사귈 수 있게 챙겨 주셔서 자연스럽게 적응해 갈 수 있었어요. 새로운 교회를 알아보며 고민하다가 결국엔 권사님 한 분만 보고 결정하고 10년이 넘도록 지금까지 계속 머물러 있네요. 이 교회 다니는 이유는 하나님 70%, 권사님 30%에요!

아리아드네의 실(사랑에 빠진 공주 아리아드네가 다이달로스에게서 얻어서 미궁에서 테세우스를 길을 잃지 않도록 건네준 실타래)

을 권사님 마음에 살짝 걸어 놓았는데 눈치채셨죠? 아까 통화하면서 권사님이 텔레파시 이야기하셔서 깜짝 놀랐어요. '진짜 서로에게 보이지 않는 끈이 연결되어 있구나. 내가 걸어 놓은 줄 알았는데 권사님이 먼저 걸어놓으셨나?' 하염없이 울고 싶은 날, 기뻐서 크게 웃고 싶은 날, 제일 먼저 생각나고 전화하는 단축번호 0번이에요.

혼자 횡설수설 장황하게 떠들어도 제가 말하려는 요점을 찾아내 주는 권사님이 항상 고마워요. 저의 시시하고도 하찮은, 때로는 보여주기 민망한 이야기까지도 귀히 여겨주시고, 두서없는 이야기 속에서도 보석 같은 내용을 발견해서 정리해 주시는 권사님 덕분에 의기소침했던 마음이 씩씩해지기도 해요. 많은 이야기를 맘껏 떠들 수 있어서 즐겁고, 때론 아무 말을 하지 않아도 편안하고, 무언가를 같이 해도, 꼭 무언가 하지 않더라도 마냥 즐겁고 신나요.

저도 권사님처럼 상대방의 이야기에 귀 기울여주고 나와 다른 많은 사람을 이해하며 넉넉한 마음으로 안아줄 수 있는 어른으로 성숙해 가고 싶은 바람이에요.

인간 비타민
연희권사에게

"집사님~~~ 어디세요?"

코로나 기간 매일같이 생존확인을 해 준 연희권사, 집에 있는 게 전혀 불편치 않은 나인데 잠깐 시장 보려고 외출이라도 하면 귀신같이 눈치채고 실시간 위치확인을 해 준 연희권사가 있어서 길고 지루했던 집콕 생활을 무사히 지날 수 있었어요.

남편이 아프기 시작할 때부터 혼자 끌어안고 속앓이하던 시간에도 매일 연락해 주고 염려하며 기도해 준 두 분(연희&준원) 덕분에 다시 회복되었다 해도 과언이 아닐 거에요. 그때는 상황이 심각했던 만큼 지금처럼 장난칠 처지가 아니다 보니 우리 둘 다 꽤 진지했는데 조심히 말 걸어주던 연희권사의 안부 전화가 매일을 살아가는 큰 힘이 되었어요.

9시 예배를 시작으로 늦은 오후까지 주일마다 온종일 함께하며 때론 연희권사의 하이 텐션이 부담스러워 감당이 안 될 때도 있었지만, 체력이 고갈되어 버거웠을 뿐 나름 즐기며 행복했던 것 알죠? 모든 순간 최선을 다하고 최고로 하려는 그 열정과 열심, 진심에 항상 감동하고 감사하고 또 많은 것을 배웠어요. 주일 설교와 예배에 게으름 피우고 싶다가도 아이들과 부모님들을 향한 뜨거운 열정에 긴장을 늦출 수 없었어요. 영상으로 만들어 준 추억앨범을 꺼내 볼 때마다 울고 웃던 수많은 날이 파노라마처럼 지나가면서 성실히 살아왔던 시간을 돌아봐요. 바쁘게 지내면서 지나쳐버렸을 순간들 하나하나 놓치지 않고 예쁜 영상으로 기록해 준 마음과 수고가 고마워 주책맞게 자꾸 눈물이 나기도 하네요. '오랜 세월 우리가 많은 순간을 웃었구나.' 무엇이 그렇게 행복하고 감사했는지 사진 볼 때마다 새록새록 기억나요.

유난히 힘들던 어느 날엔가, 수화기 너머로 연희권사 목소리 듣자마자 울컥했어요.

놀란 연희권사가 위로 대신 재빠르게 기도해 준 덕분에 다시금 마음을 세울 수 있었어요. '말하지 않아도 알아요~' 초코파이도 아니면서 찰떡같이 내 마음을 헤아려주고 웃게 해 주는 연희권사. 다름 가운데 닮음을 발견하는 기쁨을 알게 해 준 일등공신이십니다! 연희권사의 넘치는 에너지 이어받아, 나도 매일 더 새로워져 갈게요.

"日新又日新"
(날로 새롭고 또, 날로 새로워짐)

다정하고 또 친절한
진아 집사에게

 집사님~ 집사님을 알아가고 사귐이 깊어지는 요즘, 이런 친구를 학창시절 진작부터 만났어야 했는데 왜 이제야 만났을까 아쉬워요. 너무 똑똑해 보여서 낯설고 거리감 느껴졌는데 자주 발각되는 허당미를 발견할 때마다 따뜻한 인간미를 느낍니다.

 5년 전 성탄 전야제에서 '빈방 있어요' 연극공연 올렸던 무모한 도전에 이어, 작년에 유치부에서 부장으로 이끌어 준 덕분에 52번의 모든 예배와 행사, 순서들이 새로워진 것 같아요. 오랫동안 있었던 유치부를 떠나며 도움을 요청했을 때, 괜한 부담 주는 건 아닐까 싶어 미안했는데 흔쾌히 승낙하면서 "힘들면 나한테 기대요!"하고 대답해 준 진아 집사의 따뜻한 진심이 고마워서 속으로 울었다는 사실, 늦었지만 꼭 전하고 싶어요.

 유치부 부장역할뿐만 아니라 상담가로, 때론 친구로 시간을 내어주고 이야기 들어준 덕분에 이렇게 웃을 수 있게 되었네요. 지쳐있는 날, 말없이 곁에서 손 내밀어주는 친구가 있다는 사실이 얼마나 든든하고 행복한 일인지 알게 해 줘서 고마워요.

어떤 날에는 나보다 더 크게 울고 웃어주는 깊은 이해심과 헤아림을 보면서 감동한 적이 한두 번이 아니에요. 무엇보다, 내 모습을 있는 그대로 바라봐 주고 연약함을 존귀하게 여기며 "괜찮아요, 그럴 수 있어요."하고 말해 줄 때마다 지쳤던 마음에 큰 힘이 되었고 여러 일로 바쁜 가운데에도 시간을 내어주는 집사님이 고마웠어요.

얼마 전, 11시 예배드리고 영아실에 내려갔을 때 안부 물어주며 "편하게 웃는 모습 보니까 내가 더 기뻐요."라고 했을 때도 순간 심장이 쿵! 했어요. 미소와 함께 전해준 그 진심에 울컥했는데, 더 크게 웃으며 대답하지 못해 못내 아쉬웠네요.

집사님의 깊음과 넓음, 그리고 넘치는 에너지가 만나는 모든 학생과 학부모님들, 유치부와 교회, 이웃에게 흘러가길 기도로 응원할게요.

더 찐해져 갈 앞으로의 이야기도 풍성하게 채워 가기로 해요, 우리~

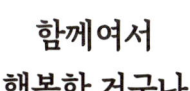

함께여서
행복한 거구나

혼자 힘과 노력으로 여기까지 왔다고 잘난 척했다.

소중한 친구들과 함께라서 가능했다는 사실을 깨닫기 전까지는…

사노요코의 동화책 「백만 번 산 고양이」는 백만 년의 시간을 살면서 그 누구도 사랑하지 않던 어느 날 짝꿍 고양이를 만나서 사랑에 빠졌고 그때부터 죽음의 카운트가 시작된다. 사랑하는 고양이가 하늘나라로 떠나자 머지않아 주인공인 고양이도 죽음을 맞이하게 된다는 이야기이다. 나 외에는 누구도 사랑하지 않았고 하나님만이 유일한 존재라고 생각하던 폐쇄적인 내가 사랑하는 남편과 가족, 친구들을 알아가면서 나를 가두었던 성에서부터 탈출하게 되었고 새로운 세계로 확장해 갈 수 있었다. 혼자가 아니었기에 가능했고 밖에서 손 내밀어 준 친구들이 있었기 때문에 할 수 있었다.

하염없이 울고 또 웃었으며 쉼 없이 떠들어댔다. 그동안 다 하지 못한 이야기가 토하듯이 쏟아져 나왔다. 그때 비로소 깨달았다. 어쩌면 하나님조차 내가 만들어 놓은 틀 안에 가두고 있었는지 모르겠다. 폭넓은 사귐을 통해 마음을 주고받는 것이 무엇인지 깨달았고 하나님과의 사귐도 더 깊고 풍성해져 갔다. 평면적이고 흑백이었던 내 삶은, 폭넓은 관계의 시작과 함께 입체적이고 다양한 색깔로 물들여지기 시작했다.

모든 것이 나와 딱 맞아야 하는 맞춤형이 아니라면 작은 변화도 감당하지 못해 힘들었다. 좋게 말하자면 온실 속 화초였고 다르게 표현하자면 자기중심적이었다. 이 세상 누구도 내 마음 같지 않고 나를 다 이해할 수 없는 것이 당연한 일인데 다름을 발견할 때마다 불편했고 나랑 맞지 않을 때마다 무조건 나쁘고 틀린 것이라고 단정 지어 버렸다. 시시콜콜한 문제로 투덜거리던 어느 날, 나에게 남편이 되물은 적이 있다. "너한테 잘 해 주면 '선'이고 잘못하면 '악'이야? 옳고 그름의 기준이 '너 자신'일까?"

남편의 질문이 당황스러우면서도 다름을 틀림으로 단정 지어버리고 성급하게 마음을 닫아버리는 나를 발견하게 되었다. 생각해 보니 다른 사람을 이해하려는 시도조차 한 적이 없었음을 깨달았고, 이렇게 굳어진 생각을 어떻게 바꾸면 좋을지 고민이 되었다.

  다른 사람을 이해하는 법을 찾고 싶어 고민하던 어느 날, 성경공부 모임에서 마음을 나누다가 감추고 싶은 상처를 보이게 되었을 때 "그럴 수 있어."라는 위로를 받기도 했고 어떤 경우 일을 하다가 실수했을 때 "그 모습 또한 너잖아, 틀리면서 배워 가면 돼. 너무 다그치지 말고 자신을 믿어 줘."하는 따뜻한 응원의 말을 듣기도 했다.

  때에 따라 여러 모양으로 위로해 주었던 언니, 동생, 친구들이 있어 다름에서 닮음을 발견하는 기쁨을 알 수 있었다. 내 생각만 옳다고 믿었던 편협한 마음이 깨져 가는 순간들이었다.

가족과 친구들이 내게 그러했듯이
나 또한 누군가에게 마음의 공간을 내어줄 수 있는
넉넉한 사람이 되고 싶다.

설레는 두드림

내일의 친구들에게

일혼 살의 나에게

깜찍 발랄한
미라 할머니에게

인생의 부록같이 여기던 불혹의 40~60대는 무사히 지나가셨나요?

"할머니"라는 수식어가 낯설기는 하지만, 마흔 무렵 결심했던 것처럼 '귀여운 할머니'로 성장하고 계시나요? 어떠한 모습으로 매 순간 새로워져 가고 계실지 기대돼요.

꿈많은 아줌마 시절, 노트 가득 채워 놓았던 버킷리스트 하나씩 이루어가고 계시죠?

책은 얼마나 읽고 쓰셨을지, 집필실은 마련하셨는지, 모지스

할머니(평범한 시골 주부였으며 76세부터 101세까지 그림을 그린 미국의 국민화가)처럼 3만 평 정원까지는 아니더라도 조그마한 화단에서 꽃과 함께 마음도 아름답게 가꾸고 계시지요?

아이스크림 가게에는 찾아오는 손님들로 북적이는지, 여러 친구와 어울리면서 감사와 기쁨으로 삶을 더 풍요롭게 채워 가고 계시는지 궁금해요.

곧 만나요, 우리.

"꽃의 향기, 사람의 향기"

어느 땐 바로 가까이 피어 있는 꽃들도

그냥 지나칠 때가 많은데,

이쪽에서 먼저 눈길을 주지 않으면

꽃들은 자주 향기로 먼저 말을 건네오곤 합니다.

좋은 냄새든, 역겨운 냄새든 사람들도

그 인품만큼의 향기를 풍깁니다.

많은 말이나 요란한 소리 없이 고요한 향기로

먼저 말을 건네오는 꽃처럼 살 수 있다면,

이웃에게도 무거운 짐이 아닌

가벼운 향기를 전하며 한 세상을

아름답게 마무리할 수 있다면

얼마나 좋을까요?

<이해인 - 향기로 말을 거는 꽃처럼 중>

나랑 같이 놀자

"나랑 같이 놀자" 이 쉬운 말을 하기가 나에겐 왜 그토록 어려웠던 걸까?

중2, 한참 예민한 사춘기 때에 전학을 가게 되었다. 다행히 교회에서 먼저 말을 걸어 준 친구가 있었지만, 그 친구에게는 이미 유치원부터 단짝 친구가 있어 그 사이에서 알 수 없는 소외감을 느끼곤 했다. 그래도 사춘기부터 청년까지 오랜 시간을 가까운 이웃에 살며 시시콜콜한 이야기도 나누며 매일같이 함께 어울렸는데 나의 갑작스러운 결혼발표가 친구는 당황스러웠던 모양이다. "이럴 줄 알았으면 너 같은 애랑 친구로 지내지 않았을 거야." 순간, 친구라 하더라도 너무 많은 말을 하지 않았어야 했는지 다시 생각해 보게 되었고 누군가에게 사적인 이야기를 할 때마다 머뭇거리는 습관이 생겨 버렸다.

결혼 이후부터는 출산과 육아로 바빠 지내다 보니 친구를 사귀는 것에 대해 생각할 겨를조차 없었다. 서울로 이사를 하고 새로운 교회에 왔을 때, 동갑내기인 집사님이 다가와서 말을 걸어주었다. "나랑 동갑이니까 말도 놓고 친구 하자, 교회에는 동기가 없어서 외로웠는데 반가워!" 오랜만에 들어보는 "친구"라는 단어가 순간 낯설고 당황스러우면서도 한편으로는 반가웠고 먼저 손 내밀어준 친구가 고맙기도 했다.

어린 시절 무수히 실패하고 나서 다시 시도하지 못한 새로운 사귐을 3, 40대가 돼서 할 수 있을까? "미라야~"하고 다정하게 불러줄 때마다 어색하기도 했지만, 사실 마음 한구석이 몽글몽글해지기도 했고 시간이 갈수록 친구라는 이름이 익숙해지고 편해져 갔다. 친구와 함께 나누던 수다 덕분인지 낯설고 치열하게 느껴졌던 서울살이가 고단하지만은 않았다. 이제 그 친구는 다른 지역으로 이사를 해서 자주 만날 수는 없지만 수시로 안부를 묻거나 가끔 서로를 위해 시간을 내기도 한다. 친구의 전화와 문자는 언제나 반갑고, 이렇게 편한 친구가 있다는 사실이 감사할 뿐이다.

'나도 친구를 사귈 수 있구나.' 실패했다고 생각하고 포기하려고 했던 사귐의 새로운 지평을 열어 준 그 친구 덕분에 이제는 누구보다 먼저 다가가 인사할 수 있는 사람이 되었고 앞으로 더 많은 친구에게 "같이 놀자"하며 다가갈 수도 있을 것 같다. 서로 알아가고 사귀는 것이 얼마나 소중한지 알려 준 친구처럼 예전의 나와 같이 관계에 대한 어려움으로 힘들어하는 누군가를 발견한다면 조심히 다가가 먼저 말 걸고 싶다.

"나랑 같이 놀자~"

쉬었다 가

 허겁지겁 달리다 보면 어디를 향해서 가고 있었는지, 무엇을 하고 있었는지 방향과 목적을 잃을 때가 있다. 그럴 때, 친구와의 시시콜콜한 수다가 끝나면 복잡한 마음이 차분하게 가라앉기도 한다. "미라야, 뭐해?" 수화기 너머 들리는 반가운 안부 전화는 고단한 일상 가운데 시원한 물 한 모금 같다. 예전의 나였다면 '바쁜데… 혼자 있고 싶은데…' 하는 빠듯한 마음이었겠지만, 마흔의 나는 분주한 일상 중에 잠시라도 나를 떠올려 준 친구가 반갑고 또 고마울 뿐이다.

 새벽기도를 마친 후 집에 돌아오면 가장 먼저 하는 일이 있다.
 기도하면서 생각나서 마음 쓰이는 사람들에게 카톡을 보내거나 전화를 하는 것이다.

"별일 없지? 잘 지내?"하고 말을 걸면 반갑게 대답해 주는 모두가 소중하다.

원래 공부하거나 일하는 것보다 샛길로 빠지는 일탈이 재밌는 법. 가끔은 일상에서 살짝 벗어나 수다도 떨고 놀며 어울릴 수 있는 사람이 되고 싶다.
아니, 사실은 굳이 노력하지 않더라도 때때로 일탈을 즐기는 그런 사람이기도 하다.

"쉬었다 가."
누군가에게 이렇게 말해 줄 수 있는 여유가 있다면 좋겠다.
가족과 친구들이 내게 그러했듯이 나 또한 누군가에게 마음의 공간을 내어줄 수 있는 넉넉한 사람이 되고 싶다. 갇혀있던 나만의 생각을 깨고 나와서 자랄 수 있게 도움을 준 의미치료와 교회의 모든 분께 다시 한번 감사의 마음을 전하며, 받은 사랑을 흘려보내 주는 통로의 역할을 잘 해내고 싶다.

밥 먹고 가

　손님 초대하는 것을 좋아하고 식사 교제를 즐겨 한다. 밥을 먹으면서 이야기 나누는 식탁의 분위기는 생각만 해도 기분이 좋아진다. 아빠가 돌아가시고 얼마 지나지 않아 유난히 아빠가 보고 싶던 어느 날 민주에게 전화를 걸었더니 밥 먹으러 오라고 했다. 무슨 정신으로 운전을 하고 갔는지 기억이 나지 않지만, 민주가 따뜻한 집밥을 차려 놓고 맞이해 준 기억이 난다. 식사를 마친 후에 아빠 이야기를 하다가 왈칵 눈물이 쏟아져서 한참을 울었다. 나를 위한 식사를 준비해 준 손길도 고마웠고 맘껏 울고 난 후 웃으며 돌아오는 발걸음도 홀가분했다. 운전대를 잡고 '나도 언젠가 위로가 필요한 누군가에게 따뜻한 밥상과 함께 마음을 전해 줘야지' 하는 작은 다짐을 했던 날이다.

아이들이 어릴 때 1년 동안 육아휴직을 한 적이 있다. 두 아이를 안고 업고 옆 아파트인 친정으로 놀러 가거나 일주일에 한 번 구역모임을 가는 것이 나의 유일한 외출이었다. 아무리 힘들어도 택시를 타고 구역모임에 꼭 참석했다. 영아부 부장님이셨던 구역장님과 집사님들이 아이들도 돌봐주셨고 점심을 먹으며 교제도 하는 그 시간이 즐거웠다. 워낙에 예배와 모임을 좋아하기도 했지만, 그 어느 모임보다 가장 위로가 되고 용기를 얻는 시간이었다. 어느 날인가, 여느 때처럼 구역장님께서 음식 대접을 해 주셨는데 그 날 음식이 마지막 쌀 한 톨을 내어주시는 거라는 말씀을 전하셨다. 형편이 넉넉지 않음에도 불구하고 구역 식구들을 위해 기꺼이 식사를 준비해 주셨던 마음을 10년이 지난 지금까지도 잊을 수 없다. 어려운 중에도 힘든 내색 한 번 하신 적이 없으셨고 한결같은 모습으로 우리 이야기에 고개를 끄덕여주며 기도해 주시던 구역장님을 볼 때마다 나도 저런 어른이 되고 싶다는 생각을 했다. 몇 해가 지난 후 이사로 인해 새로운 교회에 다니게 되었고 그곳에서 교회학교 유치부교사가 되었다. 아이들에게 성경 말씀을 가르쳐주는 것과 함께 엄마들의 육아 고충을 공감해주면서 이전 교회에서 받은 은혜를 갚을 수 있었다.

 집밥보다는 외식을 좋아하던 나였는데 따뜻한 집밥의 소중함을 경험하고부터 누군가 위로해 주고 싶은 날이면 반찬을 만들어 주거나 식사에 초대할 때가 있다. 서툰 위로 대신 따뜻한 밥으로 마음을 전하고 싶은 나만의 수줍은 표현이기도 하다.

새벽기도를 마친 후 친구에게 안부 인사와 함께 커피, 비타민, 빵 같은 간식 선물을 전하면서 "카페인 충전해", "당 충전할 시간이야."라는 쪽지를 보내는 이유도 음식과 함께 전하는 짧은 안부의 글이 마음의 보약이 되었으면 하는 작은 바람 때문이다.

그리고, 온라인에는 구독자는 나와 친구 둘뿐인 '미라클 식당'이라는 유튜브 채널을 만들어 놓았다. 그동안 나의 주일학교 유치부 추억을 영상으로 담아놓은 영상앨범을 저장해 둔 공간이다. 누군가에게 보여주고 공유하려고 만든 것은 아니지만, 훗날 오픈하고 나눌 수 있는 여력이 생긴다면 나만의 이야기를 들려주고 전하는 소통의 장소로 공개하고 싶다.

'미라+기적+식당'을 합친 이름처럼 영상을 본 누군가에게 "기적처럼 다시 일어나서 따뜻한 음식도 챙겨 먹고 기운 내!"라고 말해 주고 싶다. 음식이 우리 몸에 기운을 주듯이 글이나 영화, 음악, 미술과 같은 예술작품은 우리의 영혼을 살게 하고 살찌위준다. 어떤 책은 초콜릿 같은 달콤함으로 영혼의 고속충전을 해 주거나 뜨끈한 사골국처럼 깊은 울림과 감동을 주기도 있다. 내 이야기 또한 고단한 누군가에게 비타민처럼, 보약처럼 힘을 줄 수 있는 공간이 되었으면 좋겠다.

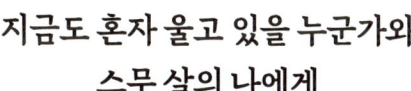

지금도 혼자 울고 있을 누군가와 스무 살의 나에게

 미라야, 안녕? 지금 어디에 있니? 교회? 기도실? 또 혼자 숨어서 울고 있는 건 아니겠지? 오늘은 혼자 울고 있을 너를 찾아가 꼬옥 안아주러 왔어. 수많은 계절을 지나 스물세 번의 가을을 지나며 너도 이제 중년을 지나가고 있구나.
 크고 작은 부침 속에서 단단해지고 또 씩씩해지고 있는 걸 보니 대견하다.
 이제는 크게 울고 웃을 수 있는 당당함과 뻔뻔함도 제법 늘었더라.
 스무 살의 두려움 많던 넌 공부도, 사귐도 망설이기만 했는데 이제는 겁 없이 여러 가지를 도전하기도 하고 누군가에게 먼저 다가가 이야기도 곧잘 하잖아.

어렸던 나와 화해하며 내일을 향해 용기 있는 첫걸음을 내딛는 널 위해 기도할게.

오늘 또 새로워질 너와, 함께 하시는 하나님을 더욱 기대하며 "다 함"이 없는 "더 함"으로 끝없이 우리를 사랑하시는
그분의 깊음 가운데 늘 거하자.

오랜 시간 교회학교 유치부교사를 하면서 느낀 보람과 기쁨이 비단 아이들 때문만은 아니었다. 여러 청년 선생님과의 교제 또한 예상치 못한 선물이다. 연령과 성별, 나와 세대가 다른 청년들에게 다가가 말 거는 일이 쉽지만은 않았는데 다행스럽게도 청년 선생님들이 먼저 인사도 하고 따라 주어서 나도 마음 열기가 수월했다. 젊음과 함께 고민도 많은 청년을 보면서 수없이 울고 힘들던 나의 스무 살이 떠올랐다.

조금 더 살았다는 이유로 훈계를 하기보다 말없이 들어주고 싶었다. 한없이 어렸던 나보다 훨씬 의젓하고 대견한 청년들을 보면서 바르게 자라주는 친구들이 아름다워 보였다. 가끔 만나 식사를 하다가 힘들던 이야기를 들을 때면 그 시절의 내가 떠올라 눈물이 나기도 했다. 앞에서 내색하지는 않았지만 나도 모르게 감정이입이 돼서 내가 더 속상할 때도 있었다. 어린 시절 혼자 속앓이하던 내 이야기가 힘들어하는 친구들에게

조금이나마 도움이 되지 않을까 하는 생각을 하곤 했는데 감추고 싶던 흑역사를 꺼내어 선뜻 이야기할 용기가 나지 않아 끝내 해 준 적은 없다. 혹시라도 듣고 싶은 친구가 있다면, 이제는 편하게 이야기할 수 있을 것 같다. "이렇게 서툴고 미숙했던 나도 어른이 되어가고 있으니까 너희들은 충분히 더 잘 해 낼 수 있을 거야."하고 말해 주고 싶다. 혼자서 많이 울었고 또 기도했다고… 그리고, 소중한 친구들이 함께해 주었던 것처럼 나도 옆에서 응원해 주겠다고…

나가며

다시,
마흔셋의 나에게

　책을 쓰기까지 쉽지 않은 여정이었다. 글을 쓰기 전 컴퓨터 앞에 앉아 오랜 시간 많이 울었다. 도망치고 회피하며 덮어두었던 내 마음과 마주한다는 것이 이렇게도 어려운 일일 줄이야. 이토록 힘들면서까지 그토록 하고 싶었던 이야기는 무엇이었을까? 누구에게 무슨 말이 하고 싶었던 걸까? 들려주고 싶은 대상이 있었던 것은 아니다. 누구와도 나누어 본 적이 없었고 나누고 싶지 않았던, 혼자 앓고 곪아있던 마음을 치료해 주고 싶었고 오직 나만이 할 수 있는 일이었다. 내가 나를 데리고 살아가기 위해서 반드시 직면하고 해결해야 했기 때문에 결국 쓰기 시작했고, 누구보다 나를 가장 잘 알고 있는 나 자신에게 말을 걸어 보기로 했다.

붓글씨를 시작하게 되었다.

좋아하던 책도 읽히지 않았고 기도실에 가도, 말씀을 펴도 답답한 마음이 해결되지 않았다. 일주일에 한 번 붓을 잡는 2시간만큼은 오롯이 나에게 집중할 수 있었고 그 시간은 머리도, 마음도 맑아지고 편안해졌다. 집에 와서 더 연습할 여력은 없었지만 글쓰기 수업은 언제나 즐겁고 행복했다. 선생님께서는 때론 결석도 하는 내가 계속 재수강하는 것이 궁금하셨는지 학기마다 수강신청 여부를 물으시는데, 붓글씨 수업은 내가 다시 일상생활로 복귀할 수 있게 도와준 소중한 마음공부 시간이다.

원래 내가 있던 혼자였던 나만의 자리로 돌아온 지금 예전과 달라진 것이 있다면, 타인에 대해 적개심과 두려움을 갖기보다 새롭게 만날 친구와의 사귐이 기대되고 설렌다는 사실이다.

그런데도 난 여전히 혼자가 좋다. 하지만, 이제는 함께인 것 또한 행복하다. 홀로 서게 되었을 때 비로소 함께 걸을 수 있다는 말처럼 이제는 누군가와 동행 할 수 있게 되었을뿐더러 어울리고 즐길 수 있게 되었기 때문이다.

어린 날 지나치리만큼 진지하고 심각했으니 앞으로는 덜 무겁고 더 가벼워진 마음으로 경쾌하고 명랑해도 될 것 같다.

"그렇게 기억되고 싶다"

넉넉하지는 않아도
누군가의 마음을 헤아릴 줄 아는 이가 되고 싶다.

친구가 되지는 못해도
가끔 안부를 묻고 싶은 이가 되고 싶다.

온전한 위로를 건넬 수는 없어도
진심을 다하는 이가 되고 싶다.

나는 분명 부족한 사람이지만
소란하지 않고 고요하며 휴식과 같은 사람이 되고 싶다.

<서은 - 계절의 위로 중>

책쓰기에 용기를 준 책

『비블리오 테라피』 조셉골드, 이종인 옮김, 북키앙 2003.

『하프타임』 밥 버포드, 이창신 옮김, 국제제자연구원, 2009.

『뜨거운 침묵 - 한 걸음 뒤에서 한 번 더』 백지연, 중앙북스 2010.

『빙점』 미우라 아야꼬, 최현 옮김, 범우사, 2004.

『길은 여기에』 미우라 아야꼬, 최봉식 옮김, 지성문화사, 2009.

『이 질그릇에도』 미우라 아야꼬, 최봉식 옮김, 지성문화사, 2010.

『향기로 말을 거는 꽃처럼』 이해인, 샘터, 2002.

『꽃잎 한 장처럼』 이해인, 샘터, 2022.

『작은 기쁨』 이해인, 열림원, 2008.

『작은 위로』 이해인, 열림원, 2008.

『친구에게』 이해인, 샘터, 2020.

『엄마』 이해인, 샘터, 2008.

『말하기를 말하기 - 제대로 목소리를 내기 위하여』 김하나, 콜라주, 2020

『마음아, 넌 누구니? - 나조차 몰랐던 나의 마음이 들리는 순간』 박상미, 한국경제신문, 2018.

『관계에도 연습이 필요합니다』 박상미, 웅진지식하우스, 2020.

『내 삶의 의미는 무엇인가?』 이시형, 박상미, 특별한 서재, 2020.

『우울한 마음도 습관입니다』 박상미, 저녁달, 2023.

『누군가의 천로역정』 김상배, 한스북스, 2023.

『CEO처럼 일하라』 김상배, 한국경제신문사, 2016.

『자기만의 방』 버지니아울프, 이미애 옮김, 민음사, 2008.

『이 세상에 태어나길 참 잘 했다』 故 박완서, 한성옥 그림, 어린이작가정신, 2009.

『나의 아름다운 이웃』 故 박완서, 작가정신, 2019.

『박완서의 말』 故 박완서, 마음산책, 2018.

『백만번 산 고양이』 故 사노요코, 김난주 옮김, 비룡소, 2016.

『아이가 잠들면 서재로 숨었다』 김슬기, 웨일북, 2018.

『쓰는 기분』 박연준, 현암사, 2021.

『마음 쓰는 밤』 고수리, 창비, 2022.

『읽는 보약 - 너의 불안을 따뜻하게 달여줄게』 나카지마 다이코, 이지선 옮김, 위즈덤하우스, 2019.

『따뜻함을 드세요』 오가와 이토, 권남희 옮김, 북폴리오, 2012.

『카모메 식당』 무레 요코, 권남히 옮김, 푸른숲, 2011.

『쓰기의 쓸모』 양지영, 더디퍼런스, 2022.

『약해지지 마』 시바타 도요, 채숙향 옮김, 지식여행, 2013.

『바람의 노래를 들어라』 무라카미하루키, 윤성원 옮김, 문학사상, 2006.

『직업으로서의 소설가』 무라카미하루키, 양윤옥 옮김, 현대문학, 2016.

『달리기를 말할 때 내가 하고 싶은 이야기』 무라카미하루키, 임홍빈 옮김, 문학사상, 2016.

『끝까지 쓰는 용기』 정여울, 이내 그림, 김영사, 2021.

『마음의 서재』 정여울, 천년의 상상, 2013.

『마흔에 관하여』 정여울, 한겨레 출판사, 2018.

『상처조차 아름다운 당신에게』 정여울, 은행나무, 2020.

『그 때, 나에게 미처 하지 못한 말』 정여울, 아르테, 2017.

『책이라는 세계』 헤르만 헤세, 김지선 옮김, 뜨인돌, 2022.

『헤세시집』 헤르만 헤세, 서석연 옮김, 범우사, 2016.

『헤르만헤세의 나무들』 헤르만 헤세, 안인희 옮김, 창비, 2021.

『계절의 위로 - 오늘을 살리는 빛의 문장들』 서은, 지식인하우스, 2022.

『살며 사랑하며 배우며』 레오 버스카글리아, 이은선 옮김, 홍익출판사, 2018.

『새로운 나를 여는 열쇠』 제프리 E. 영, 자넷S. 클로스코, 최영민, 김봉석, 이동우 옮김, 열음사, 2009.